사회는 쉽다!

★초등학교 교과서와 함께 봐요!

사회 4-1 3. 지역의 공공 기관과 주민 참여
사회 5-1 2. 인권 존중과 정의로운 사회

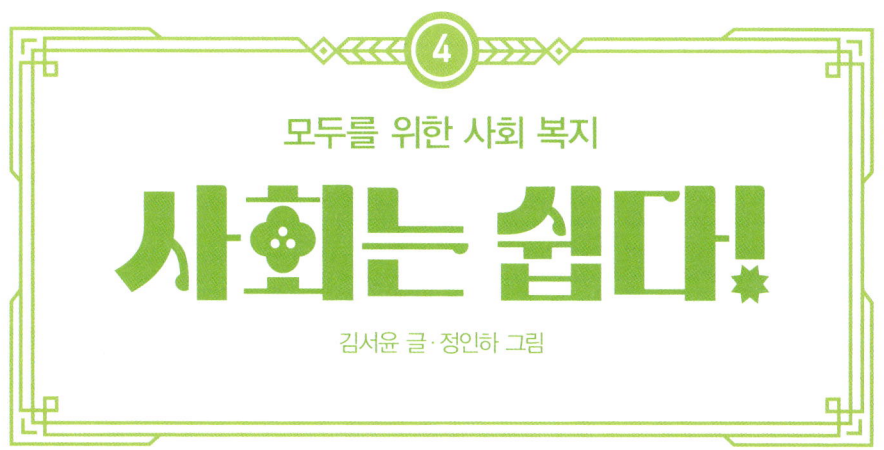

비룡소

차례

1 복지, 네 정체를 밝혀라! 사회 복지의 뜻

복지가 사라진 나라의 하루 · 8   복지란 낱말에 이렇게 깊은 뜻이? · 16
'그냥' 복지보다 '사회' 복지 · 18   인간이라면 당연히 인간다운 생활 · 20
사회 복지는 나라의 필수품 · 22

더 알아보기 사회 복지와 세금 · 24   사회 복지와 사회 보험 · 26
알쏭달쏭 낱말 사전 · 28   도전! 퀴즈 왕 · 30

2 여기도 복지, 저기도 복지 사회 복지의 종류

어린이를 위한 사회 복지 · 32   학생을 위한 사회 복지 · 34
엄마 아빠를 위한 사회 복지 · 36   아픈 사람을 위한 사회 복지 · 38
일하는 사람을 위한 사회 복지 · 40   노인을 위한 사회 복지 · 42
장애인을 위한 사회 복지 · 44   형편이 어려운 사람을 위한 사회 복지 · 46

더 알아보기 국민 기초 생활 보장 제도 · 48
알쏭달쏭 낱말 사전 · 50   도전! 퀴즈 왕 · 52

3 요즘은 복지 국가가 대세! 사회 복지의 역사

가족이 곧 사회 복지였던 시대 · 54 가난한 백성들을 위한 제도 · 56
세상이 확 바뀌다 · 58 복잡해진 세상의 새로운 문제들 · 60
새로운 문제엔 새로운 해결책, 복지 국가 · 62
사회 복지 선진국을 향해 · 64

더 알아보기 사회 복지 선진국, 스웨덴 · 66
알쏭달쏭 낱말 사전 · 68 도전! 퀴즈 왕 · 70

4 복지, 오해는 이제 그만! 사회 복지가 필요한 이유

사회 복지를 위해 내는 돈이 아까워! · 72
사회 복지가 경제 성장을 방해한다고? · 76
사람들이 사회 복지만 믿고 게을러진다? · 78

더 알아보기 사회 복지와 관련된 일을 하는 기관 · 82
알쏭달쏭 낱말 사전 · 84 도전! 퀴즈 왕 · 86

5 복지는 어른들만의 일일까? 사회 복지에 참여하는 방법

더불어 사는 마음을 가져야 해 · 88 나와 다르다고 이상하게 보면 안 돼 · 90
자원봉사까지 하면 백 점 만점! · 92

더 알아보기 나도 자원봉사 할래! · 94
알쏭달쏭 낱말 사전 · 96 도전! 퀴즈 왕 · 98

①
복지,
네 정체를 밝혀라!

사회 복지의 뜻

 # 복지가 사라진 나라의 하루

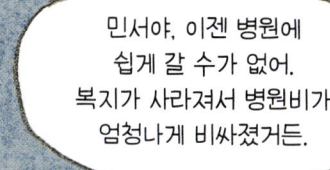

아유, 꿈이었기에 다행이지, '복지가 사라진 나라'에서는 단 하루도 못 살겠다. 그렇지?

근데 복지란 것은 무엇일까? 대체 얼마나 대단하고 엄청난 것이길래, 단지 복지 하나 사라졌을 뿐인데 세상이 이렇게 엉망이 돼 버리는 걸까?

자, 지금부터 복지의 정체를 한번 파헤쳐 볼까?

복지란 낱말에 이렇게 깊은 뜻이?

먼저 복지라는 낱말을 풀이해 보자. 복지는 한자로 이루어진 낱말이야. '복 복(福)' 자와 '복 지(祉)' 자가 합쳐져 있지. 그러니까 복지란 낱말에는 복이 하나도 아니고 무려 둘이나 있는 셈이야.

설날에 "새해 복 많이 받으세요." 하고 인사했던 것, 기억나지? 복은 많으면 많을수록 좋아. 그러니 복이 둘이나 굴러 들어오면 얼마나 행복하겠니. 마치 하늘을 날 것 같을 거야. 세상을 다 가진 것 같을지도 몰라.

이렇게 복지에는 **행복한 삶**이라는 뜻이 담겨 있어. 다음 이야기로 넘어가기 전에 요것만은 꼭 기억해 두자고. 복지는 곧 행복을 가리키는 말이라는 것!

앗, 그렇다고 벌써 "복지가 뭔지 다 알았다!" 하면서 책을 덮으면 안 돼! 복지에 대해 알려 줄 것이 아직 한참 남았걸랑.

'그냥' 복지보다 '사회' 복지

눈썰미, 귀썰미 좋은 친구들은 이미 여기저기서 복지란 말을 보고 들은 적이 있을 거야. 신문 기사에서도 복지, 텔레비전 뉴스에서도 복지……. 복지에 대해 이야기하는 데가 어디 한두 군데라야 말이지.

근데 말이야, 이렇게 관심을 한 몸에 받고 있는 복지란 말은 대개 '사회 복지'를 가리키는 거야. 사회 복지는 또 뭘까? 왜 그냥 복지가 아니라 앞에 '사회'가 붙었을까?

앞에서 복지가 무슨 뜻이라고 했더라? 맞아, 행복한 삶! 그런데 네가 행복하기 위해서는 중요한 조건이 하나 있어. 다른 사람들도 행복해야 한다는 거야.

상상해 봐. 네 동생이 몸이 아파 엉엉 울고 있다면 네가 행복할 수 있을까? 네 짝꿍이 급식을 받지 못해 쫄쫄 굶고 있다면 네가 행복할 수 있을까? 당연히 너도 마음이 아프겠지.

행복이란 결코 혼자서만 누릴 수 있는 게 아니야. 사람들이 다 함께 행복하게 살 때 너도 행복할 수 있지.

그래서 나라에서는 국민 모두가 행복하게 살 수 있도록 여러 가지 노력을 기울이고 있어. 이렇게 사회 전체의 복지를 위해 나라에서 하는 일들, 나라에서 만든 제도와 시설을 통틀어 부르는 말이 바로 **사회 복지**란다.

인간이라면 당연히 인간다운 생활

나라가 어떻게 우리를 행복하게 만들 수 있느냐고?

'복지가 사라진 나라'를 다시 한번 떠올려 봐. 그곳에서 무슨 일들이 벌어졌더라? 돈이 없으면 병원도 못 가고, 학교나 어린이집도 못 다녔어. 이런 나라에서 사람들이 행복할 수 있을까? 당연히 없지! 너도나도 불행하다고 외치는 아우성에 귀가 따가울걸.

그럼 '복지가 있는 나라'에서는 어떨까? 돈 걱정 없이 병원에서 치료받고, 학교에서 공부할 수 있어. 몸이 불편해도 어디든 원하는 대로 갈 수 있고 말이야.

이렇게 사는 것을 좀 유식한 말로 '인간다운 생활'이라고 해. 인간이라면 누구나 당연히 누려야 하는 삶이라는 뜻이지.

나라가 우리를 행복하게 하는 방법은 간단해. 국민 한 사람, 한 사람이 모두 **인간다운 생활**을 누리게 하면 되지. 그렇게 하기 위해 필요한 것이 바로 사회 복지야.

나, 대한민국 헌법!

사회 복지는 나라의 필수품

우리에게 인간다운 생활을 누릴 권리가 있다는 사실은 법으로도 떡하니 정해져 있어. 법 중에서도 최고의 법인 헌법을 한번 펼쳐 볼까?
"모든 국민은 인간다운 생활을 할 권리를 가진다."

이게 무슨 소리냐면 경찰이 할 일은 도둑을 잡는 것이고 의사가 할 일은 병을 고치는 것이듯, 나라가 할 일은 모든

헌법 제34조 1항
모든 국민은 인간다운 생활을 할 권리를 가진다!

국민이 인간답게 살 수 있도록 하는 것이다, 이런 말이야.

경찰이 도둑을 잡으려면 수갑이, 의사가 병을 고치려면 청진기가 필요하듯, 나라가 국민을 인간답게 살도록 하려면 사회 복지가 필요하단다.

그러니까 사회 복지는 우리나라 국민 모두와 떼려야 뗄 수 없는 중요한 문제야. 이제 신문이며 텔레비전에서 복지 이야기가 끊이지 않는 이유를 알겠지?

더 알아보기

 ### 사회 복지와 세금

우리가 살아가는 데는 돈이 필요해. 나라도 예외가 아니야. 사회 복지를 하려면 돈이 있어야 하지. 사회 복지에 쓰이는 돈은 세금과 사회 보험에서 나와. 그중 세금은 국민이 나라에 내는 돈이야. 나라가 국민을 행복하게 할 의무가 있다면, 국민은 나라에 세금을 낼 의무가 있어. 세금의 종류는 무지 많아. 여기서는 그중에서도 중요한 몇 가지를 콕 집어 알려 줄게.

돈을 벌었을 때 내는 세금

사람이든 기업이든 돈을 벌면 그 돈의 일부를 세금으로 내야 해. 돈을 많이 벌면 그만큼 세금도 많이 내고, 돈을 적게 벌면 세금도 적게 내. 돈을 거의 벌지 못한 사람이나 기업은 나라에서 세금을 안 걷기도 해.

물건을 살 때 내는 세금

물건을 살 때도 세금을 내. 아침에 문방구에서 지우개를 샀는데 따로 세금을
내지 않았다고? 그 지우개 값에 이미 세금이 포함되어 있는 거 몰랐지?
네가 건넨 지우개 값의 일부는 문방구 주인이 아니라 나라에서 가져가는 거야.
비싼 물건이나 사치스러운 물건일수록 물건값에 세금이 더 많이 포함되어 있어.

외국에서 물건을 들여올 때 내는 세금

외국 물건을 우리나라로 수입해 올 때도 세금을 내야 해. 그래서 똑같은 물건이라도
우리나라에 들어오면 더 비싼 값이 붙어. 외국에서 1만 원에 팔리는 물건을
수입하면 우리나라에서는 세금이 붙어서 1만 원보다 비싸게 팔리는 거야.

사회 복지와 사회 보험

　보험은 미래에 사고나 재난을 당할 경우를 대비하기 위한 제도야. 보험의 원리는 간단해. 보험에 가입한 사람들이 평소에 조금씩 돈을 모아서 큰돈을 마련해 두었다가, 그중 누군가에게 어려운 일이 닥치면 이 돈으로 도움을 주는 거지. 자동차 보험, 생명 보험, 화재 보험 등 보험의 종류도 많아.

　사회 보험은 나라에서 만들어 관리하는 보험이야. 자동차 보험, 생명 보험 같은 기업의 보험에 가입하는 것은 각자의 선택이지만, 사회 보험은 우리나라 국민이나 기업이라면 의무적으로 가입해야 해. 사회 보험의 목적은 국민 모두에게 도움을 주는 것이기 때문이야. 소득과 재산이 많으면 그만큼 사회 보험료도 많이 내지. 그럼 우리나라의 4대 사회 보험에 대해 알아볼까?

우리나라는 1988년에 처음으로 국민연금 제도를 시작했어. 2020년에는 연금을 받는 사람의 수가 500만 명을 넘었지.

연금 보험(국민연금)

만 18세 이상 만 60세 미만인 우리나라 국민 대부분은 반드시 국민연금에 가입하게 되어 있어. 국민연금에 가입하면 월마다 정해진 돈을 보험료로 내야 해. 그러다 나중에 노인이 되거나 장애가 생겨 일을 하지 못하게 되면 다달이 일정한 돈을 받지.

의료 보험(국민 건강 보험)

국민 건강 보험은 이름 그대로 국민의 건강을 지키기 위해 만들어진 사회 보험이야. 다치거나 병에 걸린 국민에게 병원비의 일부를 지원해 주지. 엄마 아빠에게 건강 보험증을 보여 달라고 말해 봐. 건강 보험증에 네 이름도 분명히 적혀 있을 거야.

'The건강보험'이라는 어플을 이용하면 건강 보험증을 휴대폰으로 볼 수 있어.

고용 보험

일을 하지 못하게 된 사람들에게 가장 큰 도움이 되는 것이 바로 고용 보험이야. 새로운 일자리를 찾을 때까지 생활에 필요한 돈을 보태 주거든.
엄마 아빠들은 아이를 키우는 동안 일을 쉬어도 월급의 일부를 받게 되는데 이것도 고용 보험에서 나오는 돈이야.

일자리를 잃은 사람들은 가까운 고용 센터에서 실업 급여를 신청할 수 있어.

산재 보험(산업 재해 보상 보험)

일을 하다 다친 사람들은 산재 보험을 통해 병원비를 지원받을 수 있어. 1964년에 만들어진 산재 보험은 우리나라의 4대 사회 보험 중에서 가장 긴 역사를 가지고 있지.

★ 알쏭달쏭 낱말 사전

권리
어떤 일을 할 수 있는 힘이나 자격이에요. 헌법은 우리나라 국민 모두가 인간다운 생활을 할 권리가 있다고 정해 놓았어요. 누구나 차별받지 않고 자유롭고 행복하게 살 자격이 있다는 뜻이지요.

사회
여럿이 함께 모여 살아가는 무리를 이르는 말이에요. 작게는 가족, 학교부터 크게는 나라, 지구촌에 이르기까지 사회의 모습은 무척 다양해요.

수입
다른 나라의 물건을 들여오는 것을 말해요. 반대로 우리나라의 물건을 외국으로 내보내는 것은 수출이라고 해요. 다른 나라에서 수입한 물건은 '관세'라는 세금이 붙어서 원래 값보다 비싸져요. 그러면 사람들이 외국 물건을 덜 사게 되기 때문에 우리나라의 산업을 보호할 수 있지요.

관세청은 외국에 수출되는 물건이나 외국으로부터 수입되는 물건을 검사하고 관세를 매기는 기관이에요. 마약 등 금지된 물품을 수입하거나 수출하지 못하도록 감시하는 일도 해요.

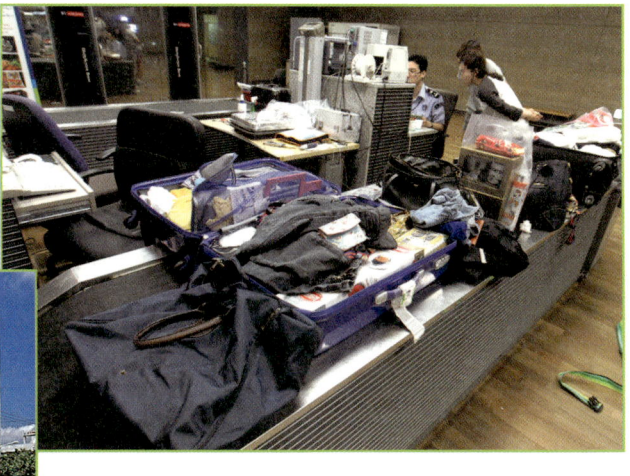

의무

마땅히 해야 할 일을 말해요. 국민의 권리와 마찬가지로 국민의 의무도 헌법에 정해져 있어요. 교육을 받고, 일을 하고, 세금을 내는 일이 모두 국민의 의무이지요.

필수품

살아가는 데 꼭 필요한, 없어서는 안 되는 물건이에요. 예를 들어, 학생에게는 교과서가 필수품이에요. 교과서가 있어야 공부를 할 수 있으니까요.

교육을 받는 것은 국민의 권리이자 의무예요. 우리나라 어린이들이 만 6세가 되면 초등학교에 입학하는 것은 국민의 권리와 의무를 실천하는 것이랍니다.

헌법

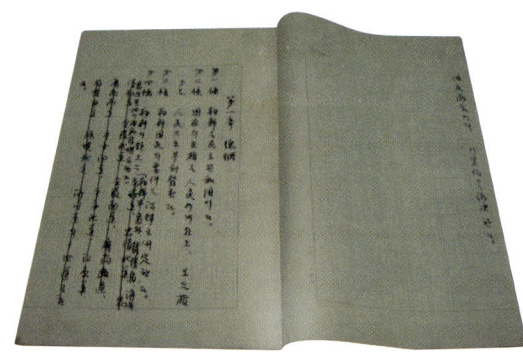

고(故) 유진오 박사가 작성한 헌법 초안이에요. 우리나라 헌법은 1948년 7월 17일에 처음 만들어졌어요.

수많은 법 중에서도 가장 중요한, 우리나라 최고의 법이에요. 나라를 다스리는 데 가장 핵심이 되는 원칙들을 정해 놓은 법이거든요. 또 헌법에는 국민의 기본적인 권리와 의무도 들어 있어요.

⭐ 도전! 퀴즈 왕

다음 내용을 잘 읽고 빈칸에 알맞은 단어를 써 보세요.

1. 국민 모두가 행복하게 살아갈 수 있도록 나라에서 하는 일을 _____ 라고 해요.

2. 사회 복지가 제대로 이루어지는 나라는 곧 국민 한 사람, 한 사람이 모두 _____ 을 누릴 수 있도록 책임지는 나라예요.

3. 국민이 나라에 내는 돈을 _____ 이라고 해요. 나라가 국민을 행복하게 할 의무가 있다면, 국민은 나라에 _____ 을 낼 의무가 있어요.

4. 국민의 행복한 삶을 위해 나라에서 만들어 관리하는 보험을 _____ 이라고 해요. 기업에서 만든 보험은 자기 마음에 따라 들 수도 있고 안 들 수도 있지만 _____ 은 우리나라 국민이나 기업이라면 반드시 들어야 해요.

정답 1. 사회 복지 2. 인간다운 생활 3. 세금 4. 사회 보험

②
여기도 복지, 저기도 복지

사회 복지의 종류

어린이를 위한 사회 복지

혹시 지금 이런 생각을 하고 있지는 않니? 사회 복지, 그거 뜻은 참 좋은데 나랑은 별 상관없는 거 아닌가 하는 생각 말이야. 하지만 알고 보면 우리는 이미 여러 사회 복지를 누리며 살고 있어. 우리나라에 어떤 사회 복지가 있는지 한번 살펴볼까?

"어린이는 우리나라의 미래다!"라는 말 들어 봤지? 이 말은 어린이들이 이다음에 우리나라를 이끌어 갈 주인공이라는 뜻이야. 그래서 사회 복지도 어린이들이 행복하게 자랄 수 있도록 맹활약을 펼치고 있어.

우리나라 어린이들은 정기적으로 건강 검진을 받아. 아무 탈 없이 잘 크고 있는지 확인하는 거야. 또 중요한 예방 접종도 받을 수 있어. 병에 안 걸리려면 예방 접종이 중요하거든. 그러니까 이제는 주사기가 무섭다고 피하기 없기!

그 밖에 길을 잃고 헤매는 어린이가 무사히 엄마 아빠 품으로 돌아갈 수 있도록 돕는 것이나, 가족이 없는 어린이가 새로운 가족을 만날 수 있도록 돕는 것, 또 나쁜 어른들 때문에 아파하는 어린이가 안전한 곳에서 보호받을 수 있도록 돕는 것도 모두 사회 복지야.

학생을 위한 사회 복지

주위를 한번 둘러봐. 학교에 다니지 않는 친구를 찾아보기 힘들걸. 그게 다 사회 복지 덕분이라는 거 아니?

우리나라에서는 누구나 초등학교와 중학교를 돈을 내지 않고 다닐 수 있어. 덧셈 뺄셈 하는 법, 생각을 조리 있게 표현하는 법처럼 기본적인 지식들을 배우지. 어린이들이 사회에서 살아가는 데 필요한 능력을 기를 수 있도록 나라가 교육을 책임지는 거야.

학교에서 공부만 하나, 밥도 먹지! 금강산도 식후경이라잖아. 열심히 공부하려면 배 속이 든든해야 해. 그래서 학교에서는 학생들에게 따로 돈을 받지 않고 영양 가득한 급식을 주고 있어. 모든 학생이 건강하고 행복하게 학교에 다니는 것도 중요한 사회 복지거든.

엄마 아빠를 위한 사회 복지

어린이가 행복하게 자라려면 먼저 엄마 아빠가 행복해야 해. 엄마 아빠를 행복하게 하는 사회 복지에는 무엇이 있을까?

아기를 가진 엄마는 병원에 자주 가. 엄마 배 속의 아기가 건강한지 확인해야 하거든. 이때 엄마가 내는 진료비의 일부를 나라에서 내 줘.

회사에 다니다가 아기를 낳은 엄마 아빠는 한동안 회사를 쉴 수도 있고, 일하는 시간을 짧게 줄일 수도 있어. 갓 태어난 아기에게는 하루 종일 보살펴 줄 사람이 필요하기 때문이지.

지하철역 같은 공공시설에는 수유실이 있어. 배고픈 아기에게 젖을 물릴 수 있는 수유실이 곳곳에 있어야 엄마 아빠가 맘 편하게 아기를 데리고 다닐 수 있거든.

엄마 아빠가 다시 일을 하려면 아이를 어린이집에 맡겨야 해. 하지만 엄마 아빠가 부담을 느낄 필요는 없어. 어린이집에 들어가는 돈은 대부분 나라에서 대신 내 주거든.

어때, 엄마 아빠를 위한 사회 복지가 참 다양하지?

최근에는 아기를 보살피기 위해 회사를 쉬는 아빠가 점점 늘어나고 있다는 사실!

아부부 ❤

아픈 사람을 위한 사회 복지

몸이 아프면 가는 곳은? 당연히 병원이지. 노는 것도, 공부하는 것도, 일하는 것도 다 건강해야 할 수 있는 법이야.

그런데 요건 미처 몰랐을걸? 병원에서 치료를 받고 내는 돈에도 사회 복지가 숨어 있다는 거! 네 치료비의 일부를 나라에서 내 주는 거야. 그래야 누구든 돈 걱정 없이 마음 편히 병원을 찾을 수 있을 테니까.

아프면 병원만 가나, 약국에 가서 약도 사 먹어야지. 그럼 약값은 어떻게 하느냐고?

약값도 치료비처럼 나라에서 일부를 내 줘. 모든 사람이 싼값에 약을 살 수 있도록 말이야.

네가 콜록콜록 기침을 하면 엄마 아빠가 언제든지 너를 데리고 병원으로, 약국으로 달려갈 수 있는 건 이렇게 든든한 사회 복지가 있기 때문이야.

일하는 사람을 위한 사회 복지

친구와 먹는 떡볶이는 정말 맛있어! 그런데 그 떡볶이를 산 돈은 어디서 났니? 엄마 아빠가 준 용돈이라고? 그럼 그 용돈은 어디서 왔을까? 맞아, 엄마 아빠가 열심히 일해서 번 돈이지.

그런데 엄마 아빠가 돈을 못 벌게 되면? 일을 하다 다쳐서 병원에 입원하거나, 회사가 갑자기 문을 닫는 바람에 일자리를 잃는다면 어떡하지? 네가 대신 돈을 벌 수도 없고 말이야.

짠, 이때도 사회 복지가 나가신다!

만약 일을 하다 다쳤다면 이때 필요한 병원비는 나라에서 지원해 줘. 또 일하다 다친 사람들을 치료하기 위한 전문 병원도 전국 곳곳에 세워져 있지.

일자리를 잃었을 때는 일정한 기간 동안 나라에서 월급처럼 돈을 줘. 새로운 직업을 찾을 때까지 생활하는 데 어려움이 없게 하기 위해서야. 또 일자리를 찾는 데 도움이 되는 기술을 익히도록 직업 교육도 받을 수 있게 해 주지.

노인을 위한 사회 복지

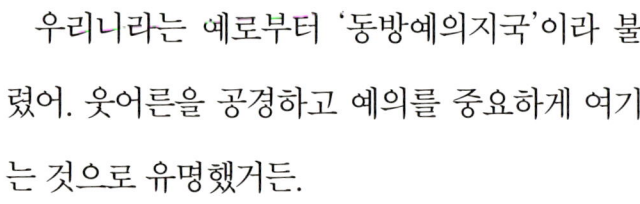

우리나라는 예로부터 '동방예의지국'이라 불렸어. 웃어른을 공경하고 예의를 중요하게 여기는 것으로 유명했거든.

요즘은 웃어른 공경에서도 사회 복지를 빼놓을 수 없어! 할머니 할아버지를 위한 사회 복지에는 어떤 것이 있을까?

나라에서는 할머니 할아버지의 생활이 너무 어려워지지 않도록 다달이 일정한 돈을 드려. 또 계속 일을 하고 싶은 할머니 할아버지에게는 일자리를 알아봐 드리기도 해.

할머니 할아버지가 되면 예전보다 눈도 침침해지고 귀도 어두워져. 병에 걸리기도 쉬워지고. 그래서 나라에서는 할머니 할아버지에게 정기적으로 건강 검진을 해 드리고 있어. 건강한 몸으로 마라톤을 하는 할아버지, 여행을 다니는 할머니의 모습이 참 보기 좋지?

장애인을 위한 사회 복지

스티븐 호킹이라는 이름, 들어 봤니? 우주 연구에서 큰 업적을 남긴 물리학자란다. 그런데 스티븐 호킹은 스스로 몸을 움직이는 것조차 힘든 장애인이었어.

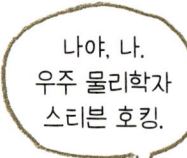

스티븐 호킹 같은 장애인들이 차별받지 않고 능력을 발휘할 수 있도록 뒷받침해 주는 것 역시 사회 복지란다!

우리나라에서는 단지 장애인이라는 이유로 차별하는 것을 법으로 엄격하게 금지하고 있어. "장애인은 일할 수 없습니다." 하는 회사는 벌금을 내야 하지.

장애인을 위한 요양 시설도 점점 늘어나고 있어.

 몸이 많이 불편한 장애인들은 혼자 생활하기가 힘들어. 그래서 나라에서는 장애인들이 목욕이나 청소, 빨래 등을 거들어 주는 도우미를 부를 수 있도록 지원해 줘. 또 휠체어나 보청기 같은 도구도 싸게 살 수 있게 해 주지.

 장애인 화장실, 장애인 전용 주차 구역, 점자 유도 블록처럼 장애인들이 편하게 다니도록 도와주는 시설들도 사회 복지가 없었다면 만들어지지 못했을 거야.

형편이 어려운 사람을 위한 사회 복지

조그만 초가집에서 힘들게 살았던 흥부네 가족을 떠올려 봐. 쌀을 살 돈이 없어서 온 가족이 굶어야 한다면 행복할 수 있을까?

이제 초가집은 대부분 사라졌지만 흥부네 가족처럼 어렵게 사는 사람이 우리 주변에 많아. 하지만 안심해! 흥부네 가족에게 박씨를 물고 온 제비가 있었다면 요즘 세상에는 사회 복지가 있으니까!

나라에서는 형편이 어려운 사람이 생활하는 데 필요한 돈을 보태 줘. 밥을 못 먹거나 집 없이 헤매는 일이 없도록 하기 위해서지.

그뿐만이 아니야. 세금도 줄여 주고 전화 요금, 전기 요금, 수도 요금, 인터넷 요금도 할인해 줘. 또 몸이 아플 때는 다른 사람들보다 더 싼값에 병원을 가거나 약을 사게 해 줘.

어때, 이 정도면 굳이 다리 다친 제비를 찾지 않아도 되겠지?

더 알아보기

국민 기초 생활 보장 제도

 사회 복지는 우리 모두에게 필요한 거야. 하지만 그중에서도 사회 복지가 꼭 필요한 사람들이 있어. 바로 가난해서 사회 복지 없이는 하루하루 살아가기조차 힘든 사람들이야. 그래서 형편이 어려운 사람들을 위한 사회 복지는 가장 기본적이고 기초적인 사회 복지라고 할 수 있어.

인간으로서 최소한의 생활을 할 수 있도록 도와줘

 우리나라에서는 국민 기초 생활 보장 제도로 국민의 최저 생활을 보장해 줘. 형편이 어려운 사람들이 인간적인 생활을 누리는 데 필요한 최소한의 돈을 나라에서 직접 건네는 거야. 먹을거리와 옷을 사는 데 얼마가 드는지, 살 집을 구하는 데 얼마가 드는지 등을 꼼꼼히 따져서 돈의 액수를 정하지. 또 가족이 많은 사람에게는 그만큼 더 많은 돈을 줘.

우리처럼 형편이 어려운 사람들에게는 사회 복지가 정말 큰 힘이 돼.

일자리를 통해 스스로 일어설 수 있게 도와줘

일할 능력이 있는 사람들에게는 나라에서 일자리를 마련해 주기도 해. 일자리를 얻는 데 필요한 기술을 교육시켜 주기도 하고. 자신의 힘으로 어려움을 딛고 일어설 수 있도록 뒷받침해 주는 거야. 전국 곳곳에 위치한 고용 복지 플러스 센터는 고용, 복지, 서민 금융 서비스를 한곳에서 지원하는 곳이야. 도움이 필요한 사람이라면 누구든 쉽고 편하게 도움을 받을 수 있지.

친구가 힘들어하는 모습을 보면 너도 행복하지 않지? 우리 주위의 어렵고 힘든 사람들을 그냥 내버려 둔다면 사회 전체가 행복할 수 없을 거야. 그러니까 형편이 어려운 이웃에게 돈과 일자리를 지원해 주는 것은 우리 모두의 행복을 키우는 일이란다!

⭐ 알쏭달쏭 낱말 사전

건강 검진

몸에 문제가 없는지 살펴보는 일이에요. 우리나라에서는 국민들에게 무료로 기본적인 건강 검진을 해 줘요. 특히 만 6세가 되지 않은 어린이들은 영유아 건강 검진을 통해 건강히 잘 자라고 있는지, 보고 듣는 데 문제가 없는지, 비만은 아닌지 확인할 수 있어요.

영유아 건강 검진에서 어린이들이 키와 몸무게를 재고 있어요.

법

나라에서 직접 정한 규칙이에요. 법을 지키지 않으면 벌금을 내거나 감옥에 가는 등 벌을 받게 돼요. 법은 쓰임에 따라 여러 종류로 나뉘어요. 어떤 문제가 생기면 그 문제를 다루는 법을 살펴보고 해결책을 찾아야 해요.

영국의 국회 의사당 내부예요. 국민의 대표인 의원들이 모여 법을 만드는 곳이지요.

상식

사람들이 대부분 알고 있거나 알아야 하는 지식이에요. 학교에서 보고 듣고 배우는 것은 모두 상식이라고 할 수 있어요. 또 어떤 일이 옳은지 그른지 제대로 따져 보는 능력도 상식에 포함돼요.

예방 접종

우리 몸이 이겨 낼 수 있을 만큼 약한 병원균인 백신을 주사해서, 나중에 진짜 병원균이 들어왔을 때 물리칠 수 있는 능력을 갖추게 하는 것이에요. 독감, 일본 뇌염, 수두, 유행성 이하선염 등 여러 전염병을 예방 접종으로 막을 수 있어요.

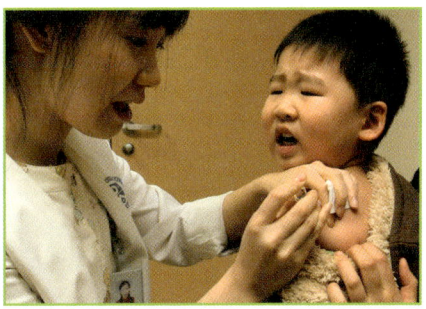

예방 접종은 주사를 이용하는 것이 일반적이에요. 미래에는 먹거나 뿌리는 방식의 예방 접종이 나올지도 몰라요.

요양 시설

몸이 아픈 환자, 노인, 장애인이 편안히 쉬며 보살핌을 받는 곳이에요. 의사, 간호사를 비롯해 사회 복지사, 요양 보호사 등 여러 전문가들이 가족을 대신해 건강을 챙겨 주고 식사를 관리해 줘요.

노인 요양 시설은 치매, 중풍 같은 병을 앓는 노인들을 돌보지요.

점자

시각 장애인을 위한 특수한 문자예요. 두꺼운 종이 위에 여러 점이 튀어나와 있는 방식으로, 손가락으로 만져서 읽을 수 있어요.

⭐ 도전! 퀴즈 왕

다음 내용을 잘 읽고 맞으면 O, 틀리면 ×를 표시하세요.

1. 우리나라에서는 어린이들이 아무 탈 없이 잘 크도록 중요한 예방 접종을 받을 수 있어요. (   )

2. 우리나라에서는 초등학교, 중학교, 고등학교, 대학교를 돈을 내지 않고 다닐 수 있어요. 국민들이 살아가는 데 필요한 지식을 배울 수 있도록 나라가 교육을 책임지는 거예요. (   )

3. 우리나라에서는 아이를 돌보기 위해 엄마만 회사를 쉴 수 있고, 아빠는 회사를 쉴 수 없어요. (   )

4. 우리나라에서는 장애인이라는 이유로 차별하는 회사에 벌금을 물려요. (   )

정답 1. O 2. × 3. × 4. O

③
요즘은 복지 국가가 대세!
사회 복지의 역사

가족이 곧 사회 복지였던 시대

모든 것에는 역사가 있어. 사람도, 물건도, 나라도 자기만의 역사가 있지. 너의 역사는 네가 태어난 순간에 시작되었겠지? 그럼 사회 복지의 역사는 언제, 어떻게 시작되었을까? 사회 복지의 역사를 알아보기 위해 먼 옛날로 눈길을 돌려 보자.

옛날에는 엄마, 아빠, 할머니, 할아버지, 삼촌, 고모, 이모, 사촌, 육촌, 팔촌…… 온 가족과 친척이 한마을에 모여 살았어. 함께 일하고, 함께 놀고, 함께 어려움을 나누면서 산 거야.

그러다 보니 가족끼리 해결하지 못하는 일이 거의 없었어. 다쳐서 일을 못하게 되면 어떡하느냐고? 걱정할 필요 없어, 가족이 도우면 되니까. 아픈 노인은 누가 보살피느냐고? 걱정 안 해도 돼, 가족이 도와줄 테니까. 사람들은 어려운 일이 생길 때마다 가족과 도움을 주고받으면서 문제를 해결했어.

그러니 따로 사회 복지가 필요할 리가 있나. 가족이 곧 사회 복지인걸.

가난한 백성들을 위한 제도

　백성들이 어려운 일을 겪고 있을 때 왕은 뭘 했느냐고? 물론 왕이 마냥 손 놓고 있었던 것은 아니야. 예로부터 우리나라에서는 왕과 신하들이 백성들의 어려움을 덜어 주기 위해 머리를 맞대고 고민했단다.

　고구려에는 '진대법'이라는 제도가 있었어. 가난한 백성들에게 나라의 곡식을 꾸어 주던 제도지. 백성들은 가을에 추수를 한 뒤에 빌린 곡식을 갚았어.

　고려와 조선에는 곡식 값을 관리하는 기관인 '상평창'이 있어서, 값이 내려가면 곡식을 사들였다가 값이 너무 오르면 곡식을 풀었어. 덕분에 백성들은 싼값에 곡식을 살 수 있었지.

고려의 '동서 대비원'과 조선의 '활인서'는 가난한 백성들의 병을 고쳐 주던 기관이야. 약은 물론이고 먹을거리와 옷, 이부자리까지 나누어 주며 백성들을 돌보았지.

하지만 나라에서 모든 백성의 행복을 세세히 신경 쓰고 일일이 책임져야 한다는 생각은 하지 못했어. 너무 어려운 처지에 놓인 백성들을 조금씩 도운 것뿐이야. 그래도 나라는 잘만 굴러갔어. 백성들 각자의 문제는 일단 가족 안에서, 또 마을 안에서 해결하는 것으로 충분했거든.

세상이 확 바뀌다

어느 날부터 변화가 생기기 시작했어. 지금으로부터 250여 년 전 유럽에서 산업 혁명이 일어난 거야. 기술이 발달하고 곳곳에 공장이 들어서면서 세상은 전혀 다른 모습으로 바뀌어 갔어. 공장에서 쏟아져 나오는 온갖 새로운 물건들 덕분에 사람들의 생활은 이전과는 비교도 할 수 없을 만큼 편리해졌지. 그래서 자꾸자꾸 더 많은 공장이 생겨났고, 사람들은 일자리를 찾아 공장이 있는 도시로 몰려갔어.

그뿐이 아니야. 또 한 가지 아주아주 중요한 변화가 있었어. 왕이 자기 마음대로 나라를 다스리는 시대가 끝나고, 국민이 나라의 주인이 되는 민주주의가 시작된 거야. 국민이 투표를 통해 뽑은 대표가 나랏일을 맡아 하게 된 거지.

이런 변화는 전 세계로 퍼져 나갔어. 좀 늦긴 했지만 우리나라에서도 공장들이 세워졌고 대통령 선거도 하게 되었지.

복잡해진 세상의 새로운 문제들

 참 좋은 세상이 되었을 것 같지? 근데 그게 꼭 그렇지만은 않았지 뭐야.

 공장을 가진 몇몇 사람만 부자가 되었을 뿐, 나머지 사람들은 일을 많이 해도 가난했어. 형편없이 적은 돈을 받고 일했거든.

 그나마도 공장에서 쫓겨나면 꼼짝없이 거리에 나앉는 신세가 되었어. 복잡한 기계를 다루다 보니 다치는 사람도 많았지. 하지만 억울하게 일자리를 잃어도, 일하다가 다쳐도 아무런 도움을 받을 수가 없었어. 어린이나 장애인, 노인을 돌볼 사람도 없었고.

도움을 주고받던 가족과 친척들은 다 어디로 갔느냐고? 사람들이 고향을 떠나 도시로 몰려들면서 가족도, 친척도 뿔뿔이 흩어지고 말았는걸. 이제는 아무리 사이좋은 가족이라도 힘든 일을 전부 해결할 수는 없게 된 거야.

사람들은 궁리하기 시작했어.

"세상이 너무 복잡해졌어. 각자 알아서 어려움을 극복하는 건 불가능하다고. 이러다가는 모두가 불행해질 거야."

"가족 대신 도움을 줄 수 있는 무언가가 필요해. 뭐 좋은 방법이 없을까?"

새로운 문제엔 새로운 해결책, 복지 국가

그때 한편에서 이렇게 말하는 사람들이 있었어.

"나라 전체가 한 가족이 되면 어떨까? 모든 국민이 인간다운 생활을 하도록 나라에서 도와주는 거야."

"국민 모두가 인간다운 생활을 누려야 행복한 나라가 될 수 있어. 그러려면 나라가 직접 나서야 해."

행복, 인간다운 생활, 이런 말들을 보니까 머릿속에 딱 떠오르는 것이 있지? 그래그래, 사회 복지야. 이렇게 해서 사회 복지를 통해 국민의 행복을 책임지는 **복지 국가**가 탄생했어.

산업 혁명과 민주주의가 일찍 시작된 유럽의 여러 나라들이 가장 먼저 복지 국가가 되었어. 그렇다고 어느 날 짜잔 하고 완성된 건 아니지. 때로는 사회 복지 때문에 세금을 많이 내는 게 싫다는 사람들을 설득해야 했어. 또 때로는 사회 복지에서 소외된 국민이 없는지 샅샅이 살펴야 했고. 그렇게 차근차근 기틀을 다진 덕분에 복지 국가가 될 수 있었던 거야.

사회 복지 선진국을 향해

 복지 국가로 자리 잡은 유럽의 여러 나라에 비하면 우리나라는 뒤늦게 사회 복지에 신경 쓰기 시작했어. 하지만 출발은 늦었어도 한 걸음, 한 걸음 꾸준히 앞으로 나아갔지.
 앞에서 살펴본 우리나라의 여러 사회 복지를 떠올려 봐. 어린이를 위한 사회 복지, 엄마 아빠를 위한 사회 복지, 장애인을 위한 사회 복지……. 모두 복지 국가를 향한 꾸준한 노력 덕분에 갖추어질 수 있었던 거야.

그렇다고 우리나라가 사회 복지 선진국이라 하기에는 아직 부족해. 우리 주위를 돌아보면 사회 복지의 도움을 받지 못하고 아파하는 사람이 여전히 참 많아.

그럼 지금 우리 앞에 놓인 과제가 무엇인지 다들 눈치챘지? 맞아, 그건 바로 더 많은 사람들이 사회 복지를 누릴 수 있도록 하는 거란다!

늦게 출발했으니 그만큼 더 부지런히 달리자고!

더 알아보기

사회 복지 선진국, 스웨덴

땅이 넓은 대표적인 나라는? 러시아야. 인구가 많은 대표적인 나라는? 중국이지. 그럼 사회 복지가 잘되어 있는 대표적인 나라는? 바로 스웨덴이란다.

스웨덴을 비롯해 노르웨이, 핀란드, 덴마크 같은 북유럽 국가들은 사회 복지 제도를 잘 갖춘 복지 국가로 유명해. 그중에서도 스웨덴은 으뜸으로 꼽히지.

문제투성이 나라에서 복지 국가로 대변신!

원래 스웨덴은 문제가 참 많은 가난한 나라였어. 100여 년 전만 해도 네 명 중 한 명은 일자리를 구하지 못했고, 운 좋게 일자리를 얻는다 해도 가난을 벗어나기 힘들었지. 스웨덴 국민들의 불만은 하늘을 찌를 정도였어.
스웨덴 정부는 이런 문제를 해결하기 위해서 복지 국가를 목표로 삼고 여러 가지 사회 복지 제도를 마련했어. 일을 하면 적절한 돈을 받을 수 있도록 하고, 일자리를 잃은 사람들을 도와주고, 나라에서 직접 일자리를 만들고, 어린이집을 지어 엄마 아빠가 안심하고 밖에 나가 일할 수 있게 한 거야. 이렇게 스웨덴은 조금씩 사회 복지를 발전시켜서 오늘날 대표적인 사회 복지 선진국이 되었어.

최고의 복지 국가가 된 비결

스웨덴은 경제적으로 큰 어려움을 겪으면서도 어떻게 복지 국가를 이룰 수 있었을까? 그건 스웨덴 사람들이 자기 몫을 양보하면서 서로 협동했기 때문이야. 스웨덴은 우리나라보다 세금을 훨씬 많이 걷어. 부자들이 특히 더 세금을 많이 내긴 하지만, 보통 사람들도 우리보다는 세금을 훨씬 많이 내지.
세금을 많이 내는 대신 스웨덴에서는 큰 병에 걸려도 치료비가 거의 들지 않아. 공부를 하고 싶은 사람은 돈 걱정 없이 대학에 다닐 수 있어. 노인이 되었을 때 가난에 시달릴까 걱정하지 않아도 돼. 이게 다 정부가 현명하게 사회 복지 정책을 세우고, 국민들이 정부를 믿고 따라 준 덕분이야.

⭐ 알쏭달쏭 낱말 사전

우리나라 자동차 공장의 모습이에요. 경제가 성장하면서 자동차도 더 많이 만들어지고 있어요.

경제 성장

경제는 사람이 살아가는 데 필요한 물건을 만들고 그 물건을 사고파는 일과 관련된 모든 활동을 말해요. 예를 들어 나무를 베고 다듬어 연필을 만드는 일, 만든 연필을 가게로 옮기는 일, 가게에서 연필을 사고파는 일이 모두 경제 활동이지요.

경제 활동이 활발히 이루어지는 나라에서는 더 많은 물건이 만들어지고 사람들이 돈을 더 많이 벌게 되는데, 이것을 경제 성장이라고 해요. 우리나라는 1950년대만 해도 끼니를 거르는 사람이 많은 가난한 나라였어요. 하지만 기술을 발달시켜 질 좋은 물건들을 해외에 수출해 빠르게 경제 성장을 이루었지요.

도시

사람이 많이 사는 곳으로 정치, 사회, 경제 활동의 중심이 되는 장소예요. 교통, 의료, 교육, 문화 시설 등이 잘 갖추어져 있어서 살기 편하지요. 하지만 많은 사람들이 모여 살다 보니 환경 문제, 교통 문제, 주택 문제가 심각하기도 해요.

민주주의

국민이 곧 나라의 주인인 정치 제도예요. 민주주의 국가에서는 직업, 재산, 성별, 외모에 관계없이 누구나 자유롭고 평등하게 정치에 참여할 수 있어요. 또 갈등이나 문제가 생겼을 때 대화와 토론을 통해 해결하는 것을 중요하게 여겨요.

산업 혁명

지금으로부터 약 250여 년 전 영국에서 처음 산업 혁명이 일어났어요. 석탄을 태워 물을 끓일 때 나오는 증기를 이용해 기계를 움직이는 증기 기관이 발명되면서 시작되었지요. 산업 혁명은 사람들이 사는 모습을 완전히 바꾸어 놓았어요. 곳곳에 공장이 들어서고, 사람들이 일자리를 찾아 농촌을 떠나면서 농업 중심 사회가 빠르게 산업 사회로 바뀌었지요.

산업 혁명 때 공장에서 일하던 노동자들을 그린 그림이에요.

실업자

일할 능력이 있고 일하고자 하는 마음도 있지만 직업을 찾지 못한 사람이에요. 실업자가 늘어나면 사람들은 먹고살기 힘들어지고 경제 성장도 잘되지 않아요. 그래서 나라에서는 실업자에게 일자리를 소개하고 직업 교육을 시켜 주는 등 여러 가지 노력을 기울이고 있지요.

⭐ 도전! 퀴즈 왕

다음 중 사회 복지의 역사에 대한 설명으로 바르지 않은 것을 모두 고르세요.

❶ 옛날에는 가족이 사회 복지의 역할을 했어요. 다쳐서 일을 못 하는 사람, 몸이 아픈 노인, 보살핌이 필요한 아이들을 모두 가족이 도왔지요.

❷ 고구려에는 곡식 값을 관리하는 상평창이라는 기관이 있어서, 백성들이 싼값에 곡식을 살 수 있었어요.

❸ 산업 혁명으로 세상은 전혀 다른 모습으로 바뀌었어요. 곳곳에 공장이 들어서고 사람들이 도시로 몰렸지요. 하지만 왕은 여전히 자기 마음대로 국민들을 다스렸고, 민주주의가 발전하지 못했어요.

❹ 사람들이 고향을 떠나 도시로 오면서 가족이 함께 어렵고 힘든 일을 해결하는 것이 힘들어졌어요. 한데 모여 살던 가족과 친척이 뿔뿔이 흩어졌기 때문이지요.

❺ 산업 혁명과 민주주의가 일찍 시작된 유럽의 여러 나라들이 가장 먼저 복지 국가가 되었어요.

④
복지, 오해는 이제 그만!

사회 복지가 필요한 이유

사회 복지를 위해 내는 돈이 아까워!

혹시 친구에게 오해를 받은 적이 있니? 예를 들면 이런 거 말이야. 너는 좋은 마음으로 친구를 도왔는데, 정작 그 친구는 네가 무슨 꿍꿍이가 있다고 흉을 보는 거야.

오해를 받으면 너무너무 속상하고 억울한 마음이 들어. 나를 잘 안다면 저런 오해를 안 할 텐데 하는 생각도 들고.

사회 복지도 그래. 사회 복지에 대해 오해하는 사람이 많거든. 사회 복지에 대해 좀 더 잘 알게 된다면 그런 오해를 안 할 텐데.

혹시 너도 사회 복지에 대해 오해하고 있지는 않니? 그런 게 있다면 이참에 훌훌 털고 가자고.

사회 복지에 필요한 돈은 국민이 내는 세금과 사회 보험료에서 나와. 그래서 어떤 사람들은 이렇게 불평하지. "내가 애써 번 돈을 나라에 내야 하다니, 너무 억울해. 제발 좀 세금을 적게 내게 해 줘!" 이거야말로 사회 복지에 대한 대표적인 오해란다.

이 돈은 조금도 아까워할 필요가 없어. 우리와 아무런 상관없는 남에게 빼앗기는 돈이 아니거든. 우리가 낸 돈으로 이루어진 사회 복지를 누리는 사람은 누구? 바로 우리 자신이니까!

'공동 구매'라는 거 들어 봤니? 많은 사람이 모여 함께 물건을 사면 더 싼값에 살 수 있는 거야. 사회 복지를 위해 내는 돈도 그런 거라고 생각하면 어떨까? 우리 모두의 인간다운 생활, 사회 전체의 행복을 공동 구매하는 거라고 말이야.

학교 급식을 예로 들어 볼까? 우리가 각자 알아서 점심을 사 먹으려면 저마다 밥값이 꽤나 들 거야. 하지만 우리가 낸 돈을 모아, 나라가 한꺼번에 재료를 사서 급식을 만든다면? 더 적은 돈으로도 맛난 밥을 먹을 수 있지.

실제로 복지 선진국의 국민은 우리보다 훨씬 많은 돈을 세금으로 내고 있어. 그리고 그걸 아주 당연하게 여긴단다. 오히려 사회 복지를 위해서라면 세금을 더 내야 한다고 생각하기도 하는걸.

사회 복지가 경제 성장을 방해한다고?

어떤 사람들은 사회 복지에 대해 이런 걱정을 해.

"나라는 모름지기 경제 성장에 힘써야 해. 근데 사회 복지에 많은 돈을 들이다 보면 경제는 어떡한담?"

사회 복지가 경제 성장이랑 별개라는 생각은 진짜 오해야! 오히려 둘이 얼마나 친한 사이인데!

세계에서 사회 복지가 가장 발달한 곳은 북유럽에 있는 나라들이야. 이 나라들은 경제에 있어서도 선진국이지. 그런데 과거에는 이 나라들도 경제가 어려워서 국민이 힘들어하던 때가 있었어. 그때마다 사회 복지는 경제를 살리는 데 방해가 되기는커녕 큰 힘이 되어 주었단다.

사회 복지는 누구나 자기 능력을 발휘할 수 있게 도와줘. 집안 형편이 어려워도 얼마든지 공부를 할 수 있고, 장애가 있어도 얼마든지 일을 할 수 있도록 해 주는 거야. 이렇게 국민 한 사람, 한 사람이 모두 자기 능력을 한껏 발휘하다 보면 자연스럽게 나라 경제도 쑥쑥 성장하게 되지.

게다가 사회 복지는 새로운 일자리도 만들어 줘. 사회 복지가 발달하면 사회 복지사, 보육 교사처럼 사회 복지와 관련된 일을 하는 사람이 많이 필요하거든. 일자리가 늘어나는 것이 경제 성장에 큰 도움이 된다는 사실은 더 말할 필요 없겠지?

사람들이 사회 복지만 믿고 게을러진다?

한편에서는 이렇게 걱정하는 소리도 들려.

"사회 복지만 믿고 사람들이 일을 안 하면 어떡해? 사회 복지가 사람들을 게으르게 만들지는 않을까?"

이건 정말 걱정할 필요 없는 일이야. 물론 일자리를 잃은 사람들, 형편이 어려운 사람들에게 생활에 필요한 돈을 보태 주는 것이 사회 복지의 큰 부분이긴 해. 하지만 사람들에게 새로운 일자리를 찾아 주고 직업 교육을 하는 것도 분명히 중요한 사회 복지거든.

오히려 사회 복지 덕분에 사람들이 정말 원하는 일을 찾아 즐겁게 일할 수 있단다. 어째서냐고? 사회 복지가 없다면 어떤 사람들은 당장 먹고살기 위해 자신과 맞지 않는 일을 억지로 해야 할 거야. 하지만 사회 복지가 든든하게 뒷받침해 준다면 다르지. 나 자신에게 맞는 일을 찾아 나설 수도 있고, 새로운 일에 도전할 수도 있어. 혹시나 실패하더라도 사회 복지가 손을 잡고 일으켜 줄 테니까.

서커스를 본 적 있니? 높다란 곳에서 공중그네를 타는 사람을 보면 탄성이 절로 나와. 그런데 그 아래쪽을 한번 봐. 그물망이 펼쳐져 있을 거야. 혹시나 공중그네에서 떨어지더라도 다치지 않도록 보호해 주기 위해서지. 만약 그물망이 없다면 아무리 공중그네를 잘 타는 사람도 덜덜 떨려서 그네에 앉지조차 못할걸. 그물망이 있기 때문에 안심하고 더욱 환상적인 묘기에 도전할 수 있는 거지.

사회 복지는 바로 그런 그물망 같은 역할을 하는 거야. 살아가다 보면 맞닥뜨리게 되는 위험으로부터 보호해 주고, 그래서 누구나 더 안심하고 열심히 살아가게 해 주는 보호망. 이제 확실히 이해되지?

그런데 우리나라는 사회 복지라는 그물망이 아직 완벽하지 않아. 여기저기 구멍이 뽕뽕 뚫려 있지. 우리 주위를 돌아보면 사회 복지의 도움을 받지 못하고 아파하는 사람이 참 많아.

우리나라의 사회 복지를 더 촘촘하게 만드는 것, 그게 바로 앞으로 우리가 해야 할 일이란다.

더 알아보기

사회 복지와 관련된 일을 하는 기관

사회 복지는 여러 기관에서 나누어 맡아 하고 있어. 사회 복지의 종류가 무지 많은 데다, 상상할 수 없을 정도로 많은 일이 사회 복지와 관련되어 있기 때문이지.

사회 복지관

지역 주민들을 위한 사회 복지 활동을 하는 기관을 '사회 복지관'이라고 해.
사회 복지관에서는 혼자 사는 노인들에게 도시락을 드리기도 하고,
형편이 어려운 학생들에게 공부를 가르쳐 주기도 해.
네가 사는 동네에도 사회 복지관이 있을 거야. 어디 있는지 한번 찾아봐.

매년 초겨울이면 여러 사회 복지관에서 김장 김치를 담가 어려운 이웃들에게 나누어 줘.

사회 복지는 우리가 행복하게 살기 위해 꼭 필요한 거야!

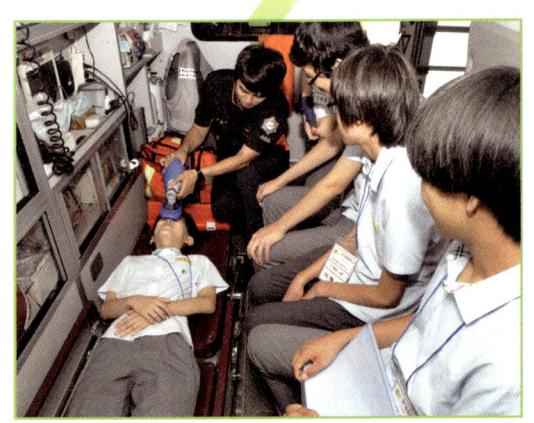
보건 복지부에서는 사회 복지의 하나로 어린이를 위한 직업 체험 활동, 진로 상담 프로그램을 제공하고 있어.

보건 복지부

나라 전체의 사회 복지를 담당하는 기관이야. 그런데 왜 '보건'이라는 말이 붙었느냐고? '보건'은 '건강을 잘 지킨다'는 뜻이야. 보건 복지부는 국민의 건강과 관련된 일도 함께 맡고 있거든. 그렇다고 정부 기관 중에서 보건 복지부만 사회 복지와 관련이 있다고 생각하면 오해야. 교육부, 여성 가족부, 고용 노동부, 환경부 등 다른 여러 기관도 사회 복지와 관련된 일을 해. 보건 복지부는 이렇게 다양한 정부 기관들과 협력하며 일하고 있단다.

국회

우리가 다양한 사회 복지를 누릴 수 있는 건 사회 복지에 대한 수많은 법이 마련되어 있기 때문이야. 앞에서 봤던 헌법 제34조 1항 "모든 국민은 인간다운 생활을 할 권리를 가진다."가 대표적이지. 사회 복지를 법으로 정해 놓는 건 무척 중요한 일이야. 법은 나라 전체의 규칙이고 약속이니까.
국회는 바로 그런 법을 만드는 기관이지. 사회 복지에 대한 국민들의 관심이 커질수록 국회에서 사회 복지에 관한 법이 더 많이 만들어질 거야.

⭐ 알쏭달쏭 낱말 사전

공동 구매

여러 사람이 모여 필요한 물건을 함께 사는 것을 말해요. 한꺼번에 많은 양의 물건을 사들이기 때문에 혼자서 물건을 살 때보다 더 싼값에 살 수 있어요. 요즘은 인터넷에서 공동 구매가 활발하게 이루어지고 있어요.

직업 교육

어떤 직업에 필요한 전문적인 지식이나 기술을 가르치는 교육이에요. 우리나라에서는 새로운 일자리를 찾는 사람 누구나 적은 돈으로 배울 수 있는 다양한 직업 교육을 마련해 놓고 있어요. 또 지금 하고 있는 일과 관련된 기술이나 지식을 더 익히고 싶은 사람을 위한 직업 교육도 있지요. 나라에서 지원하는 범위 안에서 직업 교육을 위한 훈련비의 45~85퍼센트를 지원받을 수 있는 내일 배움 카드도 있어요. 직업 훈련 포털(www.hrd.go.kr)에서 내일 배움 카드를 발급 신청한 뒤, 원하는 과정을 찾아 직업 교육을 받을 수 있어요.

시각 장애인 학생들이 안마사가 되기 위한 직업 교육을 받고 있어요.

창업

가게나 회사를 새로 만드는 일이에요. 분식집 같은 작은 가게를 여는 것도, 큰 회사를 세우는 것도 모두 창업이지요. 자신만의 특별한 물건을 만들어 팔고 싶거나, 회사를 직접 경영하고 싶다는 꿈을 가진 사람들이 창업을 해요.

스티브 잡스는 IT 회사 애플을 창업한 사람이에요. 남들이 생각지 못한 특별한 물건들을 선보여 세상에 큰 영향을 미쳤지요.

행복 지수

사람들이 얼마나 행복한지 보여 주는 수치예요. 한 나라의 행복 지수는 성장률, 실업률 같은 경제적 요소뿐 아니라 그 나라 국민들이 얼마나 인간적인 생활을 누리는지, 또 얼마나 삶에 만족하는지 등을 두루 따져서 측정해요.

유엔에서는 해마다 '세계 행복 보고서'를 발표해요. 각 나라의 행복 지수를 조사해 순위를 매기는 거예요. 북유럽에 있는 나라들은 이 보고서에서 항상 높은 순위를 차지하지요.

⭐ 도전! 퀴즈 왕

다음 중 사회 복지에 대해 바르게 설명한 글을 모두 찾아보세요.

❶ 사회 복지를 위해 내는 세금과 사회 보험료는 아까워할 필요가 없어요. 그 돈으로 만든 사회 복지를 누리는 사람은 바로 우리 자신이니까요.

❷ 사회 복지가 가장 발달한 곳은 스웨덴, 핀란드, 덴마크 같은 북유럽 국가들이에요. 하지만 사회 복지에 너무 많은 돈을 들이다 보니 경제 발전은 더딘 편이에요.

❸ 사회 복지는 누구나 자기 능력을 발휘할 수 있도록 도와줘요. 집안 형편이 어려워도 얼마든지 공부를 할 수 있고, 장애가 있어도 얼마든지 일을 할 수 있지요.

❹ 사회 복지는 사람들이 정말 원하는 일을 찾을 수 있게 도와줘요. 사회 복지가 없다면 어떤 사람들은 먹고살기 위해 원하지 않는 일을 억지로 해야 할지도 몰라요.

정답: ❶, ❸, ❹

⑤ 복지는 어른들만의 일일까?

사회 복지에 참여하는 방법

더불어 사는 마음을 가져야 해

　사회 복지는 우리 모두가 행복하게 살기 위해 꼭 필요한 거야. 그런데 국민들이 너 나 할 것 없이 "다른 사람들이야 어떻든 나만 행복하면 그만이지." 하고 생각하면 어떻게 될까? 아무도 사회 복지에 찬성하지 않을 거야. 사회 복지를 위해 세금을 내는 데도 반대할 테고. 그러다 보면 우리나라는 오로지 몇몇 사람만 잘사는 나라가 될 게 뻔해.

그럼 어떤 나라에서 사회 복지가 발전할 수 있을까? 맞아, 서로가 서로를 아끼고 위하는 나라야. 그래서 우리 한 사람, 한 사람의 마음가짐이 중요해. 사회 복지 선진국을 만들기 위해 우리가 평소 어떤 마음을 가져야 하는지 알아보자.

우선 나의 행복이 소중한 만큼 다른 사람들의 행복도 소중히 여길 줄 알아야 해. 내 친구, 내 가족만이 아니라 한 번도 본 적 없는 수많은 사람의 행복까지도 말이야.

또 내 욕심만 주장하기보다는 다른 사람들과 함께 행복할 수 있는 방법을 찾으려고 노력해야 해. 내가 하는 행동이 혹시 다른 사람들에게 피해를 주지 않는지도 주의해서 살펴보고.

지금까지 사회 복지는 어른들이 알아서 하는 거라고 신경 끄고 있었다면 이제 생각을 고쳐 먹자! 잘 들여다보면 어린이들이 사회 복지를 위해 할 수 있는 일도 꽤 많거든.

나와 다르다고 이상하게 보면 안 돼

　사회 복지는 서로의 차이를 존중하고 배려하는 것이기도 해. 다르다는 이유로 차별받지 않도록 하는 것, 다르더라도 모두가 인간다운 생활을 누리도록 하는 것이 사회 복지야.
　세상 사람들은 모두 달라. 어떤 사람은 안경을 쓰고 어떤 사람은 휠체어를 타. 나이가 적은 아이는 유치원에 가고 나이가 많은 어르신은 노인정에 가지. 이렇게 사람들이 서로 다른 건 자연스러운 일이야. 그러니까 어떤 사람이 너와 다르다고 이상하게 보거나 외면해서는 안 돼.

가끔은 너보다 약하거나 몸이 불편한 사람의 입장이 되어 생각해 봐. 지팡이를 짚고 다니는 할아버지가 계단을 오르려면 얼마나 숨이 찰까? 갓난아기를 안은 엄마가 버스 안에 서 있으려면 얼마나 힘들까?

너에게는 마냥 당연하고 편리하게 느껴졌던 세상이 어떤 사람에게는 불편할 수도 있다는 사실이 눈에 들어올 거야. 모든 사람이 행복하려면 이런 사회 복지가 필요하겠구나 하는 것도 보일 테고.

자원봉사까지 하면 백 점 만점!

다른 사람을 위하는 마음, 나보다 약하고 불편한 사람을 이해하는 마음이 네 안에 갖추어졌다면 이제 실천으로 옮겨 볼까?

처음부터 거창하고 그럴싸한 일을 해야 한다고 부담 가지지 마. 일단 일상생활 속에서 작은 행동부터 시작해 보자.

지하철에서 장애인에게 자리를 양보하는 것, 할머니의 무거운 짐을 들어 드리는 것, 용돈을 아껴서 불우 이웃 돕기 성금을 내는 것, 어릴 때 갖고 놀던 장난감이나 이제는 입지 않는 옷을 바자회에 내는 것……. 찾아보면 네가 할 수 있는 일이 많아.

이제 좀 자신감이 붙었다면 더 적극적인 행동에 나서 봐! 바로 자원봉사에 도전해 보는 거야. 도움을 필요로 하는 이웃이 있는 곳으로 직접 찾아가는 거지. 가족이나 선생님, 친구들과 함께라면 더더욱 의미 있는 일이 될걸.

네가 하는 자원봉사는 이웃을 위한 것이기도 하지만, 너 스스로 행복해지기 위한 것이기도 해. 그리고 우리 사회 전체의 행복을 위한 귀중한 발걸음이기도 하지. 어때, 자부심이 팍팍 느껴지지?

더 알아보기

나도 자원봉사 할래!

막상 자원봉사를 하려니 어디서부터 어떻게 시작해야 할지 막막하다고? 여기 몇 가지 방법을 소개할게.

사회 복지관 찾아가기

사회 복지관에는 사회 복지 전문가인 사회 복지사들 외에도 여러 자원봉사자가 일하고 있어. 네가 사는 동네의 사회 복지관에 찾아가 봐. 전화를 걸거나 이메일을 보내도 좋아. 너희 동네에서 네가 참여할 만한 자원봉사가 무엇이 있는지 알아볼 수 있을 거야.

인터넷 검색하기

인터넷에서 자원봉사 동호회를 찾아봐. 이미 자원봉사를 해 본 다른 사람들의 경험이나 조언을 들을 수 있을 뿐 아니라, 함께 자원봉사를 할 수도 있을 거야. 1365 자원봉사 포털(www.1365.go.kr)이나 청소년 활동 정보 서비스 e청소년(www.youth.go.kr)같은 인터넷 사이트를 활용할 수도 있어. 이런 사이트에서는 다른 지역의 자원봉사 활동까지 두루 검색해 볼 수 있지.

가족, 선생님, 친구들과 함께하기

네가 아무리 의욕이 넘쳐서 자원봉사를 하겠다고 찾아가도 어떤 곳에서는 "어린이 혼자서는 좀 곤란한데." 하고 고개를 저을 수 있어. 그럴 때는 엄마 아빠께 부탁해 봐. 엄마 아빠와 함께 온 가족이 자원봉사를 하는 거야. 네가 먼저 함께 자원봉사를 하고 싶다고 말씀드리면 엄마 아빠가 무척 기특해하실걸. 선생님께 말씀드려서 친구들과 여럿이 자원봉사를 하는 것도 좋은 방법이야. 친구들과 어울려 자원봉사를 하다 보면 우정도 쑥쑥 자랄 거야.

알쏭달쏭 낱말 사전

동호회

취미가 같은 사람들이 끼리끼리 모여 활동하는 모임이에요. 학교나 회사, 온라인 등 수많은 곳에 동호회가 있어요. 자원봉사 동호회, 독서 동호회, 야구 동호회 등 그 종류도 다양하지요.

바자회

다른 사람을 돕거나 어떤 행사를 치르는 데 필요한 돈을 모으기 위해 여는 시장이에요. 사람들로부터 사용하지 않는 물건을 기증받은 다음, 그 물건이 필요한 사람들에게 되팔아요.

형편이 어려운 아이들을 돕기 위해 열린 바자회에서 기증받은 물건을 경매에 부치고 있어요.

배려

다른 사람을 도와주거나 보살펴 주려고 마음을 쓰는 것이에요. 사회에서 다른 사람들과 어울려 살려면 배려하는 법을 배워야 해요. 어렵고 힘든 사람들을 배려하기 위해서도 사회 복지가 꼭 필요하지요.

자원봉사

바라는 것 없이 도움을 주고 싶은 마음이 우러나와 직접 남을 돕는 행동이에요. 보육원을 찾아가서 청소를 하거나, 복지관에 가서 할머니 할아버지들의 말벗이 되어 드리는 일 등 자원봉사의 종류는 다양해요.

존중

다른 사람을 인정하고 귀하게 여기는 것이에요. 모든 사람은 사람이라는 이유만으로 존중받아야 해요. 이것은 곧 사람을 이유 없이 차별해서는 안 된다는 뜻이기도 하지요.

차이

남과 나를 구별할 수 있는, 서로 다른 점을 뜻해요. 차이를 존중하지 않고 오히려 불이익을 주면 차별이 돼요. 예를 들어, 똑같은 일을 했는데도 피부색이나 성별이 다르다는 이유로, 또는 나이가 어리거나 장애가 있다는 이유로 돈을 적게 준다면 차별이에요.

사람들이 인종 차별에 반대해 시위를 하고 있어요.

⭐ 도전! 퀴즈 왕

사회 복지를 위해 우리 스스로 어떤 일을 할 수 있는지, 자음을 보고 맞혀 보세요.

1. 사회 복지가 발전하려면 우리 국민 한 사람, 한 사람의 마음가짐이 중요해요. 나의 ㅎㅂ이 소중한 만큼 다른 사람의 ㅎㅂ도 소중히 여길 줄 알아야 하지요. 또 내 욕심만 주장하기보다는 다른 사람들과 함께 ㅎㅂ할 수 있는 방법을 찾아야 해요.

ㅎ ㅂ

2. 사회 복지는 서로의 ㅊㅇ를 존중하고 배려하는 것이기도 해요. 다르다는 이유로 차별받지 않도록 하는 것, 다르더라도 누구나 인간다운 생활을 누리도록 하는 것이 사회 복지예요.

ㅊ ㅇ

3. 가족이나 선생님, 친구들과 함께 ㅈㅇㅂㅅ를 하면 무척 의미 있는 일이 될 거예요. ㅈㅇㅂㅅ는 이웃을 돕는 일인 동시에 나 스스로 행복해지는 일이기도 해요.

ㅈ ㅇ ㅂ ㅅ

정답 1. 행복 2. 차이 3. 자원봉사

• 사진 제공_ 1365 자원봉사 포털, 국민연금 공단, 국민 건강 보험 공단, 연합뉴스, e청소년, Wikipedia

글쓴이 **김서윤**

사회학과 국어 국문학을 공부했다. 글을 쓰고 책을 만드는 일을 하고 있다. 『토요일의 심리 클럽』으로 제1회 창비청소년도서상 교양 부문 대상을 받았다. 지은 책으로 『사회는 쉽다 1 민주주의와 정치』, 『사회는 쉽다 10 사회의 모든 것』, 『사회는 쉽다 12 사회를 움직이는 노동』, 『내가 가게를 만든다면?』, 『내가 국제기구를 만든다면?』 등이 있다.

그린이 **정인하**

담백하고 아름다운 그림을 그리기 위해 노력하고 있다. 쓰고 그린 책으로 『밥·춤』, 『부드러운 거리』, 『요리요리 ㄱㄴㄷ』 등이 있으며, 그린 책으로 『비밀 결사대, 마을을 지켜라』, 『누가 이무기 신발을 훔쳤을까?』, 『편의점 비밀 요원』, 『나는 빵점!』, 『똥덩어리 삼총사』 등이 있다.

4 모두를 위한 사회 복지

사회는 쉽다!

1판 1쇄 펴냄 2013년 2월 7일　1판 7쇄 펴냄 2021년 5월 27일
2판 1쇄 펴냄 2022년 4월 20일　2판 3쇄 펴냄 2024년 4월 8일
글 김서윤 그림 정인하

펴낸이 박상희 **편집장** 전지선 **편집** 오혜환 **디자인** 정상철, 정경아
펴낸곳 ㈜비룡소 출판등록 1994. 3. 17(제16-849호)
주소 06027 서울시 강남구 도산대로1길 62 강남출판문화센터 4층
전화 02)515-2000 **팩스** 02)515-2007 **홈페이지** www.bir.co.kr
제품명 어린이용 반양장 도서 **제조자명** ㈜비룡소 **제조국명** 대한민국 **사용연령** 3세 이상

© 김서윤, 정인하 2013. Printed in Seoul, Korea.

ISBN 978-89-491-2504-6 74300/ 978-89-491-2500-8(세트)